돌고래는 마라톤을 하지 않아

마라톤을 하지 말아야 할 26.2가지 이유

샘 브랜드 지음

차 례

마일 1 동물 마라톤 세상. ·········1

마일 2 막힌 벽을 마주하는 대신 문제
를 직시하십시오. ················ 11

마일 3 인생의 우선순위를 정하세요.
사랑하는 이들과 함께하세요.······· 19

마일 4 인생의 모험은 여러 개가 있을
수 있습니다. 더 많은 인생의 비타민을
찾아보세요. ···················· 23

마일 5 음식은 행복입니다. 매끼 완벽할 건 없어요. 인생의 맛은 더 좋습니다. ······ 29

마일 6 호랑이를 잡으려면 호랑이굴로, 파티 같은 인생을 즐기려면 파티장으로. ······ 35

마일 7 행복한 인생으로 가는 길만이 오랜 마라톤을 뛸 가치가 있는 길입니다. ······ 47

마일 8 지쳐 죽기 전에 속도를 조절하는 것이 필요합니다. ······ 55

마일 9　옆에서 보는 게 더 멋집니다.
모든 방향을 볼 수 있거든요. …… 67

마일 10　혼자 운동하면 몸이 좋아집니
다. 사랑하는 사람과 함께 운동하면 몸
이 좋아질 뿐만 아니라 유대감도 커집니
다. …………………………… 75

마일 11　한 면이 아니라 전부를 보세
요. ………………………… 81

마일 12　당신 삶을 쓰레기통에 버리
지 마세요. 행동의 일부가 되세요. ‥ 85

마일 13 큰 돌고래의 작은 조언. 조언이 필요하면 돌고래인간에게 물어보세요. · 93

마일 14 당신은 단순한 파도가 아니라 거대한 대양의 일부분입니다. · · · · · 101

마일 15 돌고래 방식으로 새로운 일을 시도해보세요. 개미의 고통에서 벗어나 정신수양도 해보시고요. 긴장을 풀고 당신의 몸을 더 깨어나게 하세요. · 105

마일 16 짧은 달리기를 하고, 긴 성생활의 마일리지를 쌓으세요. · · · · · · · 119

마일 17 세상은 평평하지 않습니다. 땅도 있고, 물도 있습니다. 세상 전체를 활용하세요. 개미도 물에 젖는 것을 좋아하게 될 겁니다. ·············· 129

마일 18 달리는 동안 보이는 것은 지친 개미의 얼굴과 죽은 엉덩이분. · 137

마일 19 마음을 전방위로 활짝 열어라! 나의 마지막 마라톤이 된 뉴욕 셀카 개미 마라톤. ················· 151

마일 20 자신과의 대화도 좋지만, 타인과의 대화도 즐겨야죠? 개미 주자 여러분, 달리기 얘기는 그만! ········ 163

마일 21 호흡이 곧 당신입니다. 신선한 공기를 들이마셔요. ··········· 171

마일 22 개미는 넘어지지 않는 한 멈추는 법이 없지요. 돌고래가 되는 게 낫습니다. 돌고래는 궤도를 수정하며 나아갑니다. ····················· 175

마일 23 동물 비즈니스 세계 안에서 개미인간과 돌고래인간은 서로 다르게 행동합니다. ····················· 183

마일 24 달리는 거리는 짧게 하고, 먼저 시작하세요. 단거리를 달리세요. ···························· 193

마일 25 장거리 달리기의 끝은 막다른 길입니다. 자신에게서 도망치지 마세요. ······························ 197

마일 26.2 개미인간 주자 여러분, 현명한 돌고래인간의 말을 귀담아들으세요. 돌고래가 되세요. 다른 동물들은 이미 모두 포섭되었습니다. ········· 201

제가 장거리 달리기를 접고

돌고래가 되는 데

크나큰 영감과 용기를 불어넣어 준

사랑하는 제 가족 여러분께

이 글을 바칩니다

마일 1

동물 마라톤 세상.

정글 세상을 달리는 마라톤에는
세 종류의 주자가 있습니다.

개미인간, 침팬지인간, 돌고래인간.

개미인간은 작은 머리와 큰 눈을 가졌고, 줄기차게 쉼 없이 달리는 마라톤 주자입니다.

개미인간은 늘 달려요. 항상 피곤해하고, 우울하고, 거의 웃는 법이 없죠.

그러면서 스트레스가 많고, 건강 걱정을 달고 삽니다. 고통을 선호하고, 즐거운 일과는 거리가 멀죠.

개미인간은 자신과 끊임없이 싸웁니다. 그러면서 변화는 싫어하죠.

똑같은 운동을 계속하고, 잘못된 달리기에 자신의 모든 에너지를 소비합니다.

개미인간은 자신을 매우 높이 평가하는데, 실상은 땅에서 1센티미터도 안 되는 높이에 있죠.

개미인간은 항상 자기가 뭐든 가장 잘 아는 줄 압니다.

저도 오랜 세월 개미인간이었습니다. 그런데 알고 보니 저는 아는 것이 없었어요. 개미는 그저 공동체 안에서 헤매기만 할 뿐입니다.

침팬지인간은 스포츠를 좋아하지 않는 사람들입니다.

이 사람들도 운동을 가끔 하긴 하지만, 운동이 일상생활에서 꼭 필요한 요소가 아니죠. 운동을 하러 가는 것보다는 친구와 커피를 마신다든가 하는, 기분이 좋아지는 사회 활동을 선택하죠.

주위를 돌아보면 침팬지인간들이 많습니다. 가족 안에도, 친구 중에도, 직장 내에도 있죠. 기본적으로 침팬지인간들은 그저 달리고 달리고 또 달리는 부류가 아닙니다.

제가 개미인간이었던 시절엔, 침팬지
인간을 게으른 부류라고 여겼죠. 인
생의 중요한 것을 놓치고 있다고요.

저 사람들은 성실한 개미인간이 되는
데 필요한 훈련이 부족하고, 인내심
이 없다고 생각했었습니다.

그런데 알고 보니 침팬지인간이 개미
인간보다 훨씬 더 똑똑하고, 훨씬 더
행복하더군요. 과학적으로 입증된 사
실입니다. 그걸 깨닫는 데 오랜 시간
이 걸렸죠.

침팬지인간은 순수한 마음에서 타인
의 행복을 응원해줄 줄 압니다. 남을
질투하지 않아요.

개미인간인 당신이 길고 먼 길을 달
리는 동안 옆에서 힘을 북돋아 주고,
칭찬과 지원을 아끼지 않죠.

침팬지인간에게 개미인간은 재미있
는 구경거리거든요.

돌고래인간은 온갖 스포츠를 고루 즐기는 활동적인 유형의 사람들입니다.

성생활도 포함해서요. 성생활에 아주 적극적이죠. 돌고래인간은 있는 그대로의 삶을 즐깁니다.

돌고래인간은 좋은 인간관계에 가치를 둡니다. 늘 귀엽고, 행복하죠. 또한, 현명하고 사회적 관계망도 매끄러우며, 자신이 무엇을 하고 있는지 잘 압니다.

이들은 자신의 삶과 자신의 활동을
통합할 방법을 찾습니다. 둘을 갈라
서 생각하는 게 아니라요.

돌고래인간은 상상력이 풍부하고 창
의적입니다. 온갖 종류의 스포츠 활
동을 시험삼아해봅니다.

이들의 궁극적 목표는 행복과 웰빙.
그러기 위해서 균형 잡힌 사람이 되
는 겁니다.

돌고래인간이 즐기는 스포츠는 그야
말로 무궁무진합니다. 수영, 요가, 자
전거, 골프, 스탠드업 패들보드, 카약
등등, 할 수 있는 스포츠는 다 해봅니
다.

마일 2

막힌 벽을 마주하는 대신
문제를 직시하십시오

저를 마라톤의 세계로 이끈 건 제 남
동생이었습니다.

동생 녀석은 마라톤을 여러 번 뛰어 봤고, 저에게도 적극적으로 추천했죠. 물론 저는 결승선까지 달리려면 어떻게 해야 하는지 잘 알고 있었습니다.

동생 녀석은 나이든 개미인간인 저에게 "하면 된다! 꿈은 이루어진다!"라는 말로 저를 격려했습니다. 제 동생 녀석은 타고난 달리기 주자거든요.

그럼 저는요?

저는 개미인간 사회에서 한 자리 차
지하는 엘리트가 되기 위해 열심히
달리는 수많은 개미인간 중 하나였
죠.

마라톤 풀코스를 달리기 위해 태어난
사람은 아무도 없습니다. 개미인간이
되어야 가능하죠. 당신의 몸은 서서
히 달리는 기계가 되어갑니다.

이제 막 마라톤을 시작한 개미인간은
이렇게 생각하죠.

'그냥 쭉 달리면 되는 거야.'

달리는 구간마다 각각의 스토리가 생기죠. 그게 쌓이면 마라톤 전체 스토리가 됩니다.

모든 개미인간은 각자 자신의 이야기가 있고, 언젠가는 이야기가 끝과 함께 막을 내립니다.

결국엔 대부분의 개미인간 주자들이 마라톤을 멈추게 됩니다.

마라톤은 사실 화려한 커버스토리일 뿐이거든요.

개미인간 주자들이 달리는 건 무언가
로부터 탈출하기 위해서입니다.

계속해서 탈출구를 찾습니다.

탈출하려고 달리는 거죠.

개미인간 주자는 실제적 문제를 마주
하지 못합니다. 이들은 벽을 상대하
길 좋아하지만 언젠가는 다들 자기
길을 찾아야 하죠. 인생의 장벽에 부
딪히지 않으려면요.

마라톤 풀코스를 달리려면 엄청나게 많은 시간이 소요됩니다. 힘이 많이 들어가는 작업이고, 매 순간 진지해야 하죠.

그러니 개미인간 주자는 집에서까지 늘 일을 합니다! 그것도 아주 열심히!

집에서도 일을 하니 식습관, 수면 습관, 개인 생활도 침해됩니다. 아주 장난이 아니죠!

우스갯소리가 아닙니다.

개미인간은 우스갯소리 자체를 할 줄
모르죠. 하지만 개미인간에 관한 우
스갯소리는 밤새도록 할 수 있죠!

개미인간은 성취를 갈망합니다. 메달
을 따기 위해 노력하죠. 저도 그랬고
요.

개미인간이었던 저는 2007년 뉴욕
마라톤 대회에 출전했습니다. 저의
첫 번째 마라톤이었죠.

그때 제 옆에 돌고래인간 친구가 있었더라면 얼마나 좋았을까요. 벽을 향해 달리지 말고 이리로 오라며 문을 가르쳐 줄 현명한 돌고래 친구 말이에요.

마일 3

인생의 우선순위를 정하세요.
사랑하는 이들과 함께하세요.

뉴욕 마라톤은 세계에 널리 알려진
권위 있는 마라톤이죠.

뉴욕시 5개 구를 지나는 아름다운 코스로 유명해서 전 세계에서 수많은 개미인간들이 몰려옵니다.

진지한 개미인간 주자들은 뉴욕 마라톤을 달리는 것을 일생일대의 경험으로 여깁니다. 오래도록 기억에 남을 독특한 일인 거죠.

해마다 엄청난 수의 개미인간이 뉴욕 마라톤에 참가하고 싶어 하지만, 제한된 수만 출전할 수 있습니다.

마라톤을 마치기 위해선 사전 준비가
필요하죠.

개미인간 여러분, 마라톤은 보통 일
이 아니랍니다. 진지하게 생각하셔야
합니다. 수많은 시간을 바쳐 열심히
노력하게 되죠.

장거리를 달리기 위해 비가 오나 눈
이 오나 연습에 매진하고, 그 바람에
인생의 중요한 순간은 놓치게 되는
겁니다.

개미인간 주자 여러분, 현명한 돌고
래의 말을 귀담아들으세요. 달리기를
하느라 가족 행사를 놓치진 마세요.

마일 4

인생의 모험은 여러 개가
있을 수 있습니다.
더 많은 인생의 비타민을
찾아보세요.

동물과 달리, 인간은 마라톤 풀코스
를 달릴 지구력을 갖고 태어나지 못
했습니다.

인간은 걷거나 하이킹을 하거나 골프를 하거나 등산을 하거나 카약을 타는 것과 달리 굳이 달릴 필요가 없을 때 달리면 에너지 소모가 심하죠.

걷기, 하이킹, 자전거 타기, 수영 또는 카약 타기와 같은 낮은 수준의 유산소 운동의 이점은 모세혈관망을 확장하고 근육 미토콘드리아를 증가시키며 지방을 태우고 지방을 운반하는 효소의 생성을 증가시킵니다.

게다가, 운동하는 동안 파트너와 대화를 하는 즐거움이 있죠.

반면, 고강도 에어로빅은 다량의 탄수화물(설탕)을 요구하고, 스트레스 호르몬인 코르티솔을 과다 분비합니다. 전신의 염증이 늘어나고 산화 손상이 증가합니다.

과도한 훈련은 수면 장애와 지속적인 피로도 유발합니다.

우리끼리 하는 얘기지만, 솔직히 몇 시간 동안 달리는 건 참 지겹고도 고통스럽죠.

그래서 저는 어떻게 했느냐고요?

영양 정보를 포함해 달리기에 관한 모든 것을 조사했습니다. 미네랄, 비타민, 각종 음식의 정보를 낱낱이 따지고, 온갖 약을 먹었습니다. 늘 더 좋은 건강 보조제를 찾았습니다.

침팬지인간들과 돌고래인간들인 제 친구들과 가족들뿐 아니라 다른 개미인간 주자들도 제가 그 방면에선 전문가라고 믿고 저에게 새로운 건강 트렌드를 물었죠.

저는 진지한 개미인간답게 전문성을 유지해야 했습니다.

식단에서 글루텐을 제거했고, 항산화제, 오메가3 및 기타 건강 보조식품을 달고 살았죠.

음식에 관한 한 저는 건강해지려고 안달이 난 개미인간이 되었습니다.

개미인간 주자 여러분, 건강 보조제가 당신의 건강에 도움이 될 수도 있습니다만, 그보다는 삶을 위한 진짜 영양제를 찾으세요.

마일 5

음식은 행복입니다.
매끼 완벽할 건 없어요.
인생의 맛은 더 좋습니다.

개미인간 주자에게 최고로 좋은 영양은 무엇인지, 가장 좋은 식단은 어떤 것일지 찾다 보니 이건 먹고, 저건 먹지 말아야 할 리스트가 매달 바뀌더군요.

이건 잘못되었구나 싶어 수도 없이 식단을 싹 다 바꾸면서도 여전히 달리기를 위한 최고의 영양제를 찾아 헤매는 전형적인 개미인간이 저였습니다.

마라톤을 뛰기 위한 식단을 짜느라 바빠서 정작 침팬지인간과 돌고래인간들은 이좋은 와인 한 병, 좋은 디저트 한 조각으로 즐거운 식사를 하고 지내는지 몰랐습니다.

침팬지인간, 돌고래인간들은 음식은 즐기는 게 중요하다고 말할 겁니다.

하지만 달리는 개미인간들은 음식을
먹는 데 죄책감이 있어서 음식 자체
를 즐기질 못하죠.

그러니, 침팬지인간, 돌고래인간 여
러분, 주변에 있는 개미인간 친구들
에게 음식을 즐기는 방법을 알려주세
요.

개미인간도 가끔은 초콜릿을 먹습니
다. 초콜릿은 심장에 좋고 에너지 공
급원이기도 하니까요.

코코아에는 혈류를 증가시키고 천연 엔도르핀을 유발하는 항산화제가 포함되어 있습니다.

혈류량이 증가하면 뇌로 가는 혈류도 많아지니, 코코아는 실제로 여러분을 더 똑똑하게 만들고 기억력을 향상하는 데도 도움이 되죠. 언젠가는 슈퍼 스마트한 돌고래인간이 될 수도 있을 거예요.

돌고래인간들은 정말 똑똑하죠. 자기가 좋아하고 즐기는 일을 해서 자신을 향상할 줄 아는 사람들입니다.

개미인간 여러분도 그럴 수 있습니
다.

현명한 돌고래인간이 하는 말을 귀담
아들으세요!

이참에 긍정적인 기회를 '먹기' 시작
하지 않는다면 여러분은 굶어 죽게
될 겁니다.

마일 6

호랑이를 잡으려면
호랑이굴로,
파티 같은 인생을 즐기려면
파티장으로.

대부분의 개미인간들은 경주하기 전
날부터 경주를 준비하려고 힘을 쏟습
니다.

점심을 먹은 후 가볍게 휴식을 취한
뒤, 짧게 달리고, 스트레칭을 잔뜩 하
고, 달리기 코스도 점검해봅니다.

마음의 안정을 찾으려 노력하고, 수
분을 섭취하고, 일찌감치 잠자리에
들죠. 대부분은 그렇게들 합니다.

하지만 저는요?

저는 제가 속한 무리의 말을 따라야
했습니다.

이 무리는 제 아내와 동생 부부들로 이루어졌고, 모두 저를 응원하러 뉴욕까지 날아온 침팬지와 돌고래들이죠.

명목상으로는 저를 위해 왔지만, 사실은 자기네를 위해 온 겁니다.

개미인간의 마라톤 출전을 기념하는 축하행사와 활동은 아침 식사로 시작해 점심과 저녁 식사로 이어졌습니다. 이걸 즐기러 뉴욕까지 온 것이니 그들에겐 공평한 일이겠죠?

그들에겐 저와 다른 그들의 세계가 있으니까요.

저는 저녁을 일찍 먹자고 했지만, 결국엔 밤 10시에나 만찬이 시작되었습니다.

다 함께 업타운에 있는 트렌디한 레스토랑에 갔습니다. 일행은 모두 여덟 명. 그중 돌고래인간의 생일이 있어서 곧장 바로 직행해 축하주를 마셨습니다.

우리 모두 다 함께 아주 행복했죠.

11:30 PM

식탁에는 음식과 술이 가득했습니다. 마라톤 주자에 관한 농담이 무수히 오갔습니다. 그중 상당수는 저를 가리킨 농담이었고.

일행 중 돌고래인간 하나가 약간 취해서 한다는 말이, 저더러 "마라톤에 나가지 마!"라는 겁니다. 자기가 대신 메달을 수여하겠다면서요.

저는 화가 났습니다. 열 받아 씩씩대는 개미인간이었죠.

하지만 이들은 날 응원하러 먼 길을
와주었고, 이날 밤은 돌고래인간의
생일을 축하하는 자리이기도 하여 화
를 다독였습니다.

다들 뉴욕에 와서 행복하고 엔도르핀
이 넘쳐 아주 쾌활했어요. 반면에 개
미인간 세계에 깊이 빠져 있는 저는
팽팽히 긴장하고 거칠었습니다.

저를 뺀 나머지는 한 무리의 행복한
침팬지인간과 돌고래인간들이었죠.

자정을 넘어서도 그들은 여전히 활발했습니다. 이튿날 파티는 어디에서 할 것인지로 의견이 분분합니다.

하지만 저는 시계를 들여다보며 내일 있을 마라톤의 속도와 거리, 심박수, 고도에 관한 생각만 했죠.

2007년 뉴욕 마라톤이 저를 기다리고 있었으니까요.

파티는 계속되고 있었습니다. 더는 참을 수가 없어서 "나는 아침에 마라톤 대회에 나간다"고 상기시켰습니다.

아침 일찍 일어나 호텔에서 42번가 뉴욕 도서관 방면으로 가볍게 달린 후 버스를 타고 대회 장소인 스테이튼 아일랜드로 갈 예정이었죠.

하지만 저를 제외한 무리는 만찬을 마무리하는 디저트에 관심이 쏠려 있었죠.

마침내 저녁 식사를 끝냈습니다. 코트를 챙겨 식당 밖으로 나가자, 침팬지인간들과 돌고래인간들은 여전히 농담을 주거니받거니 하고 있었습니다.

호텔에 도착했습니다.

잠을 자기 위해 갖은 애를 썼지만 잠이 오지 않았습니다.

행복하고 예쁜 침팬지인간인 저의 사랑스러운 아내는 개미인간인 남편과 마라톤 전날 밤 성관계를 하고 싶어 했습니다.

마라톤에 출전하기 전날 밤 성관계를 하는 것은 좋지 않다는 징크스가 있는데 말이지요.

저는 아내에게 마라톤 주자에게 수면
이 얼마나 중요한지 설명했습니다.

아내는 몇 분 후 잠들었습니다.

정작 저는 긴장한 나머지 잠을 이룰
수가 없었습니다.

저는 다른 동물이 되고 싶었습니다.
저도 돌고래가 되고 싶었습니다.

누가 좀 도와줬으면 좋겠다는 생각이
들었습니다.

마일 7

행복한 인생으로 가는 길만이
오랜 마라톤을 뛸 가치가
있는 길입니다.

마라톤 대회의 아침은 그 자체가 의
식입니다.

출발지로 가는 버스를 탔습니다. 버스 안의 개미인간 주자들 모두 대단히 진지해 보였습니다. 긴장감이 팽팽했죠.

우리는 베라자노 내로스교를 건너 스테이튼 아일랜드로 들어갔습니다.

버스가 줄줄이 서 있었습니다. 각 콜로니의 개미인간 주자들을 태운 버스가 계속 들어옵니다. 모든 개미인간들이 버스에서 내렸습니다.

압도적인 광경이었습니다. 정말로 살아있는 개미굴처럼 보였습니다. 개미인간 주자들의 수가 어마어마했습니다.

종교가 있는 개미인간을 위한 예배 천막과 스트레칭을 할 수 있는 구역도 따로 있었습니다. 온갖 종류의 지원 센터가 있었습니다.

푸른 하늘을 우러러보았습니다. 날씨는 약간 쌀쌀했습니다.

지역 전체가 엄격히 통제되어 우리 개미인간 주자들은 매우 안전하게 보호받고 있었습니다.

무수히 많은 경찰관 외에 저격수들도 눈에 띄었고, 머리 위로 헬리콥터, 제트기까지 날아다니는 것도 보았습니다.

수없이 많은 개미인간 주자가, 온갖 종류의 옷을 입고 서 있었습니다.

미국 국기와 다른 나라의 깃발이 나부꼈지만, 우리는 모두 단 하나의 목표를 가진 개미인간들이었죠.

모두가 마라톤 대회의 우승을 꿈꿨습니다.

다 함께 뛰지만, 결국엔 혼자. 모두가 한마음이지만 홀로 장거리를 달려야 합니다.

자유의 여신상, 농구 선수, 미키 마우스, 미니 마우스, 각양각색의 정신 나간 의상을 차려입고 달리는 개미인간들도 있었습니다.

"신의 축복이 여러분 모두에게, 신의 축복을 빕니다, 여러분의 마라톤에 신의 축복이 있기를, 신의 축복이 미국에……"

장내 아나운서 때문에 정신이 산만해졌습니다.

저는 속으로 생각했죠.

'모든 개미인간 주자에게 신의 축복이 있기를. 우리 콜로니에 신의 축복이 있기를.'

출발선으로 더 가까이 다가가라는 요
청을 받고 다리 쪽으로 걷기 시작했
습니다.

다리 위, 다리 밑 할 것 없이 개미인
간들이 가득했습니다. 개미로 이루어
진 다리처럼 보였죠.

현명한 돌고래인간은 개미인간에게
행복으로 가는 다리를 세우는 법을
가르쳐줄 수 있습니다.

마일 8

지쳐 죽기 전에 속도를
조절하는 것이 필요합니다.

첫 1마일-베라자노 내로스교
달리기라고 할 수도 없었습니다. 개
미인간 주자가 너무 많아 모든 게 더
딥니다. 기껏해야 걷거나 조깅을 하
는 정도.

길이 조금 트이고, 실제로 달리기 시
작하자, 너무도 많은 개미인간 주자
들이 나를 향해 등을 돌린 채 달리고
있었습니다. 그런 광경은 평생 처음
보았습니다.

주변에는 약 2백만 명의 열성적인 응
원단이 있었는데, 다들 마치 자기네
가 달리는 것처럼 흥분한 표정들입니
다. 침팬지인간들입니다. 행복하고,
긍정적이며, 시끄럽죠.

뉴욕 마라톤 대회 날은 개미인간과 침팬지인간들 간의 순수한 사랑이 오가는 날입니다.

이날 하루 침팬지인간은 당신의 열렬한 팬이 됩니다. 잘 달리라고 소리치고, 좋은 성적을 내기를 응원하죠.

뉴욕시 축제의 날입니다.

침팬지인간들은 밴드를 결성해 노래
도 부릅니다. 자원봉사자 침팬지인간
이 바나나를 나눠주었습니다. 침팬지
인간 기자와 침팬지인간 의료인들도
나와 있죠.

다들 환호합니다. 저까지 기분이 좋
아집니다. 이날 침팬지인간들의 어떤
점이 저를 그렇게 만든 걸까요?

달리는 것은 고통스럽지만, 침팬지인
간들은 당신이 포기하도록 두지 않습
니다. 아마도 그들은 개미인간 주자
들이 모르는 걸 알고 있는 듯해요.

그들은 '벽'에 신경 쓰지 않습니다.
아니, 그들은 '벽' 따위는 들어본 적
조차 없죠. 그러면서도 그들은 5만에
달하는 개미인간 주자들을 열렬히 응
원하고 있었습니다.

하지만 제 귀엔 저만 응원하는 것처
럼 들렸죠.

13마일-퀸스

낙관적인 개미인간 주자는 13마일을 지나면 유리잔에 물이 반이 찼다고 할 겁니다. 비관적인 개미인간 주자는 아직도 13마일이나 더 가야 한다고 하겠죠.

둘 다 단순하고 어리석은 개미입니다.

돌고래인간들을 믿으세요. 이들은 유리잔에 물이 반이 찼건 비어 있건 그런 건 궁금해하지도 않습니다. 무엇을 하건 자신들이 하는 일을 즐길 뿐이죠.

60

이들은 행복해지는 법을 알고 있거든
요. 개미인간 주자와는 달리.

돌고래인간들은 개미인간 주자들이
찾는 모든 질문에 대한 답을 알고 있
답니다.

개중엔 트레이너와 함께 달리는 80세 노익장 개미인간, 시력 장애를 가진 개미인간, 한쪽 다리만으로 달리는 여자 개미인간처럼 놀라운 개미인간들도 있습니다.

개미 주자들은 브롱스 근처에서 '벽'에 부딪힐 가능성이 가장 높습니다.

26.2마일-센트럴 파크

센트럴 파크에서 결승선을 통과하는 것으로 저의 첫 뉴욕 개미인간 마라톤 대회를 마쳤습니다.

세상의 모든 개미인간 주자 여러분께
말씀드립니다. 마라톤을 마치고 나면
공허함에 빠질 수 있습니다.

그럴 때는 현명한 돌고래의 말을 듣
고 그날을 행운의 날로 만드세요.

결단을 내리세요.

돌고래인간의 마법과도 같은 새로운
생활로 이동해야 할 때가 온 겁니다.

마일 9

옆에서 보는 게 더 멋집니다.
모든 방향을 볼 수 있거든요.

센트럴 파크는 뉴욕의 랜드 마크입니
다. 이곳은 상징적으로 개미인간 주
자들의 뉴욕 마라톤이 끝나는 지점이
자 침팬지인간과 돌고래인간으로서
의 삶이 시작되는 곳입니다.

센트럴 파크는 개미인간, 침팬지인간, 돌고래인간의 황금빛 땅인 셈입니다.

3.4제곱킬로미터에 달하는 드넓은 공원은 다양한 활동과 옵션을 제공합니다.

도시 한복판에서 자연을 즐기며 나무 그늘 밑에서 샌드위치를 먹고, 아이들을 동물원에 데려가고, 인라인스케이트를 타고, 공원 주변을 달리는 등 다양한 일이 이루어지죠.

삶이 가득한 완벽한 곳, 너무도 아름답죠.

개미인간 주자들도 잠시 멈춰 서서 새로운 각도로 공원을 바라볼 수 있건만, 결코 그렇게 하지 않죠. 이들은 아름다운 공원을 새로운 세계로 가는 다리로 보지 못합니다.

센트럴 파크를 도는 마차는 침팬지인간과 돌고래인간에게는 참 낭만적인 탈것이죠. 개미인간 주자의 눈엔 한낱 탈것일 뿐입니다.

저는 개미인간에서 돌고래인간으로
변모하면서 제 눈앞에서 공원의 모습
이 바뀌는 걸 보았습니다.

공원 안의 동물원은 장기 달리기 마
라톤 세계와 관련한 동물의 세계를
볼 수 있게 해주었습니다.

찬찬히 보니 가장 복잡한 질문에 대
한 모든 답이 공원에 있더군요.

이제 저는 거기에 가면 삶을 봅니다.

개미인간 주자들의 눈에 그게 다 보일지 모르겠습니다. 현명한 돌고래인간의 의견으로는 개미인간들은 센트럴 파크의 러닝 트레일만 눈에 들어오는 것 같다고 합니다만.

하지만 센트럴 파크는 저에게 변화를 안겨주었습니다. 완전히 새로운 상징이 되어 제가 제 주변의 현실을 달리 볼 수 있게 해주었죠.

이제 저는 공원 안의 작은 다리들을 즐겁게 건넙니다. 다리를 건너면 완전히 새로운 세상으로 들어가게 되거든요.

전 세계에서 온 개미인간 주자 여러
분, 다음에 뉴욕 마라톤에 참가하시
게 되면 센트럴 파크를 즐기며 시간
을 보내보세요.

공원에 앉아 생각해보는 겁니다.

그러면 행복한 돌고래인간이 되는 관
문이 열립니다.

공원의 푸른 나무는 변화에 관해 생
각할 수 있는 영감을 불어넣어 줄 겁
니다. 어떤 나무는 높이가 15미터나
된답니다. 모르셨죠?

불행히도 개미인간 주자는 달릴 때는
위를 절대 쳐다보지 않거든요.

공원 안을 거니는 것만으로도 더 나
은 사람이 될 겁니다.

걷다 보면 이런저런 상상을 하게 되
죠. 공원 서쪽에 존 레넌을 기리는
추모 장소의 이름을 「이매진」과 「스
트로베리 필드 포에버」의 곡명을 붙
여 지은 것이 결코 우연은 아니랍니
다.

개미인간 주자 여러분, 다음에 밖에
나가게 되면 그냥 지나치지 마시고
공원을 즐겨보세요.

돌고래인간의 눈을 깊이 들여다보고,
그들이 세상을 어떻게 인식하는지 상
상해보세요.

마일 10

혼자 운동하면
몸이 좋아집니다.
사랑하는 사람과 함께
운동하면 몸이 좋아질 뿐만
아니라 유대감도 커집니다.

나이에 상관없이 센트럴 파크에서는
할 수 있는 일들이 무궁무진합니다.

모두를 위한 온갖 즐길 거리가 있어
요.

무언가를 타는 것도 괜찮죠. 매일 수
천 명의 사람이 자전거를 타러 공원
을 찾습니다. 헬멧을 쓰고 롤러스케
이트를 타는 침팬지인간들, 자전거를
타는 돌고래인간들을 수없이 볼 수
있죠.

공원을 찾을 때마다 롤러 블레이드를
타는 사람들, 댄스를 하는 사람들, 체
조를 하거나 요가를 하는 사람들을
봅니다. 사랑하는 사람과 걷고, 놀고,
야구를 하는 사람들을 만납니다.

돌고래인간들과 침팬지인간들은 공
원에 와서 즐겁게 지냅니다.

공원엔 극장도 있습니다.

지루한 개미인간으로 있을 게 아니
라, 주변을 한번 둘러보세요.

현명한 돌고래인간이 말대로 개미인
간 주자들은 마라톤 당일 딱 하루 센
트럴 파크의 주역이지만, 일 년 중 다
른 364일에는 존재감이 없어요.

센트럴 파크 회전목마 앞에서 걸음을 멈추고 지켜보게 됩니다. 그저 한 자리에서 뱅글뱅글 돌고 있는 회전목마.

제가 개미인간 주자였던 시절이 떠오릅니다. 저도 원을 그리며 달리고 또 달렸죠. 아무 데도 가지 못하고요.

이제는 센트럴 파크가 뉴욕 마라톤 대회의 결승선 이상의 것으로 보입니다.

이제는 매번 이곳에 올 때마다 경애하는 마음으로 오랜 시간을 보냅니다.

참 멋진 곳이에요.

개미인간 주자 여러분, 눈을 뜨세요. 다음에 공원 안을 달릴 때는 돌고래의 눈으로 주변을 바라보세요.

사랑하는 이들과 함께 이곳을 즐겨보세요.

마일 11

한 면이 아니라
전부를 보세요.

뉴욕 마라톤 대회 이튿날, 뉴욕 타임
스에는 개미인간 주자들을 위한 멋지
고 특별한 기사가 실립니다.

그러니 개미인간이 아침 일찍 깨어나 가장 먼저 할 일은 신문을 사는 것이죠. 그날의 신문은 자신들이 뉴스의 주인공이니까요.

침팬지인간과 돌고래인간은 다른 면의 기사들도 읽을 겁니다. 하지만 당신은…… 거기엔 없죠.

당신의 이름은 특별판에 실리는 4시간 54분 이내에 들어온 완주자 명단에 들어 있습니다.

꼭 4시간 54분 이내에 완주해야 합니다. 그래야 신문에 이름이 실리니까요.

결론적으로 저는 빠른 개미인간 주자였습니다. 제 이름이 명단에 당당히 들어있었습니다.

마일 12

당신 삶을 쓰레기통에
버리지 마세요.
행동의 일부가 되세요.

돌고래인간과 침팬지인간 친구들이
매디슨 스퀘어 가든에서 열리는 농구
경기를 함께 보러 가자고 했습니다.

예전에는 친구들이 그럴 때마다 거절
했었죠. 개미인간 주자가 그런 데 쓸
시간이 어디 있겠습니까?

하지만 이번에는 오른쪽 다리가 아파
서 달리 할 일이 없었죠.

그러니 저는 생각했죠. '이것은 저들
의 세계를 구경할 좋은 기회다. 나도
사람들과 어울리는 느긋한 사람인 척
할 기회가 생겼다'라고요.

농구시즌 개막식 날 밤이었습니다.
장내 분위기는 대단했습니다.

농구 경기를 즐기는 침팬지인간, 돌고래인간으로 가득했습니다. 큰 소리로 응원하고, 웃고, 팝콘을 먹고, 맥주를 마시는 팬들.

개미인간 주자는 눈에 띄지 않았습니다.

불과 며칠 전, 저는 임무를 수행하는 5만 명의 개미인간 중 하나였습니다. 대규모 군체의 일부였죠.

하지만 여기서 저는 매우 달랐습니다.

제 침팬지 친구와 돌고래 친구는 이
미 두 번째 핫도그를 먹고 있었습니
다.

저는 생각했죠.

'대체 뭣들 하는 거야?'

맥주의 양은 엄청났고, 음식은 모두
가공제품이었습니다. 하지만 저는 그
들의 일원이 되기로 마음먹었습니다.

날이면 날마다 이렇게 먹는 건 아니
니까요. 이것도 다 경험의 일부라고
자신을 다독였죠.

제가 감자튀김을 먹으려고 손을 뻗자, 두 친구가 그런 저를 보며 놀란 표정을 지었습니다.

제가 건강에 좋은 음식만 먹고 영양을 하나하나 다 따진다는 걸 알고 있었거든요.

어쨌든 저는 감자튀김을 먹었습니다. 맥주와 환상적으로 잘 어울리더군요.

침팬지와 돌고래의 세계에 온 것을 환영하는 맛이었습니다.

기존 습관 탓에 쉽진 않았지만, 그날
밤 저는 최선을 다했습니다. 저도 그
들 중 하나가 되고 싶었습니다.

오랜만에 무척 즐거웠고, 그 자체로
건강했습니다.

경기가 끝난 후엔 제가 운전을 했습
니다.

개미인간이 곁에 있으면 자제력을 잃
고 과음하는 것을 막을 수 있죠.

돌아가는 길에 우리는 게임 이야기를
했습니다. 뒷자리의 돌고래인간이 말
했습니다.

"오늘 제일 좋았던 일은 네가 맥주를
마셨다는 거야!"

우리 모두 웃었죠.

"개미야, 다음 주 목요일 밤엔 볼링이
야. 너도 가자."

"흘려듣지 말고. 우리랑 같이 어울려
봐. 재미있을 거야."

돌고래인간은 다음 날 저녁 바에서
술도 마시자고 했습니다.

행복이 코앞에 와 있는 걸까요?

마일 13

큰 돌고래의 작은 조언.
조언이 필요하면
돌고래인간에게 물어보세요.

돌고래가 동물 세계에서 가장 영리한
동물로 꼽히지는 않습니다.

하지만 몸집에 비해 상대적으로 큰 뇌를 가진 돌고래는 무리와 슬픔, 행복, 흥분 등의 감정을 전할 줄 알고, 서로 돕고, 함께 놀고, 스킨십을 즐기며 소통할 수 있다고 합니다.

정말 놀랍도록 적응력이 뛰어난 생물이죠.

아기 돌고래도 태어나자마자 헤엄을 칠 수 있는데, 그런 면에선 침팬지, 개미, 인간보다 더 뛰어납니다.

돌고래는 주변 환경과 완벽한 조화를 이루며 삽니다.

그 점은 돌고래인간도 마찬가지죠.
진정으로 현명한 친구들입니다.

이틀날 우리는 오후 8시께에 만났습
니다. 개미인간 주자인 저는 다리를
다치고서야 비로소 친구를 진심으로
헤아리게 되었습니다.

음료를 주문하고 이야기를 나누기 시
작했습니다.

돌고래인간 친구는 아주 특별한 돌고
래인 듯했습니다.

만나면 만날수록 저는 그의 지혜에
영감을 크게 받으면서, 조금 더 그를
닮고 싶어졌습니다.

나도 돌고래로 태어났으면 좋았을 거
란 생각이 들었죠.

우리는 몇 분간 마라톤에 관해 이야
기했습니다.

돌고래 친구는 마라톤에 감명한 표정
이면서도 빠르게 주제를 바꾸어, 제
아름다운 침팬지인간 아내와 돌고래
인간 아이들은 잘 지내는지 물어본
뒤 자기네 가족 이야기를 했습니다.
지갑을 꺼내 사진도 보여주었죠.

세상에, 아이들이 마지막 본 이후로
훌쩍 자라있더군요.

겸연쩍어하는 내 표정을 알아채고 돌
고래 친구가 말했습니다.

"개미야, 오해하지 말고 들어봐. 내가 달리기를 반대하는 건 아닌데, 마일리지 쌓기 같은 정신 나간 짓엔 유혹 당하지 않았으면 한다. 다 좋은데, 가끔은 다른 것도 한번 즐겨봐. 내가 보기엔 넌 정말로 중요한 걸 놓치고 있는 것 같아. 때때로 우리는 변화가 필요해. 안 그러면 우리의 내일은 어제와 똑같게 될 거야. 상처만 가득한 어제와."

저는 달리기가 우리의 몸과 영혼에
얼마나 좋은 운동인지 그 친구에게
알려주고 싶었습니다. 달리기가 어떤
식으로 성취감을 주는지.
하지만 저는 말하지 않았습니다.

저도 의구심이 생겼거든요.

당신의 영혼은 거리를 왕복 달리기하
는 것보다 더 많은 것을 필요로 합니
다. 전날, 그 전날, 그 전전날 했던 일
과 똑같은 일을 반복하는 대신, 매일
새로운 것을 배우고 집중해보세요.

개미인간 주자 여러분, 다치기 전 왕
년에는 잘 뛰었던 이야기만 곱씹듯
얘기하는 재미없는 늙은 개미인간으
로 인생을 끝내고 싶진 않으실 겁니
다.

요즘은 예전보다 더 오래 삽니다.
2050년에는 5세 미만보다 65세 이
상이 더 많아질 거라고 하죠.

마라톤을 할 수 없게 된 이후에는 어
떻게 살지 생각해보세요.

마일 14

당신은 단순한 파도가 아니라
거대한 대양의 일부분입니다.

돌고래인간 친구 덕에 저는 새로운
삶을 살게 되었습니다. 저는 이제 대
양의 일부입니다.

그날 제 친구인 현명한 돌고래인간은
저에게 궁극적인 교훈 하나를 일러주
었습니다.

좋든 싫든 저는 거대한 무언가의 일
부입니다.

파도가 바다의 일부인 것처럼, 가족
및 친구들과 함께하는 스포츠에서 유
대감을 찾아야 합니다.

인생에서 가장 힘든 순간이라도 거울
속 자신을 들여다보며 돌고래인간을
찾아보세요. 웃고 노래하며 행복한
돌고래가 거기 있습니다.

돌고래 친구야, 고맙다!

이제 저는 가족, 친구들과 더 많은 시
간을 보내면서 스포츠도 하고 재미있
게 잘 지내고 있습니다.

마일 15

돌고래 방식으로
새로운 일을 시도해보세요.
개미의 고통에서 벗어나
정신수양도 해보시고요.
긴장을 풀고 당신의 몸을
더 깨어나게 하세요.

뉴욕 마라톤 대회에서 집으로 돌아가
는 비행기 안.

저는 가만히 앉아 있었습니다.

전에는 늘 스트레칭을 하거나 편안한
자세를 찾으려고 꿈지럭대곤 했었는
데요. 비행하는 내내 달리기 세계에
서 저는 앞으로 어떻게 될 것인지를
생각했습니다.

뉴욕에서 함께한 돌고래 친구를 떠올
렸고, 마라톤 훈련을 하며 보낸 시간
을 되새겼습니다.

저 자신과 많은 시간을 보냈고, 기억
에 남을 만한 일도 많았죠. 하지만 그
런 추억을 가족과 나누기는 어렵습니
다. 제가 어떤 경험을 했는지 그들이
전부 이해할 순 없으니까요.

그래도 메달은 보여줄 수는 있었습니
다. 뉴욕 마라톤을 완주한 메달이죠.
그 메달을 따기 위해 저는 4시간 넘
게 정말 열심히 달렸습니다.

가족과 친구들은 제가 마라톤 이야기
를 계속할 줄 알았을 겁니다. 그런데
제가 주제를 바꾸자 적잖이 놀란 기
색이었습니다.

하지만 저는 그동안 저만의 세계, 개미굴 속에서 오랜 시간을 보낸 끝에 마침내 그들 중 하나가 되고 싶었습니다.

자, 이제 저는 개미굴을 떠날 마음의 준비가 되었습니다.

그리고 처음 몇 주. 친구가 테니스 경기, 하이킹 여행, 카약 타기 등등의 일을 하면서 저한테 함께하자는 말을 하지 않습니다.

그런 말을 해주길 기대했었는데 그러지 않아 실망했나요? 친구가 그럴 만도 하죠. 여태 늘 "안 해."라고 하거나 "시간 없어."라며 거절하는 게 개미의 정해진 대답이었으니까요. 그렇죠?

예전의 저는 온통 마라톤 훈련에만 관심이 있었습니다. 똑같은 일만 반복했죠.

몇 년을 그렇게 지내왔으니 친구들도 당신은 다른 일은 하지 않는 사람이라는 고정 관념을 갖게 된 겁니다.

아름답고 쾌활한 침팬지인간인 아내
조차 개미인간인 남편의 새로운 생활
을 낯설어했습니다.

이제 저는 주말이면 달리기를 하기
위해 사라지는 일 없이 아내 옆에 있
었으니까요.

개인적으로 저도 장거리 달리기에 매
진하는 생활 방식 탓에 인간관계에
큰 고통을 겪은 이들을 많이 알고 있
습니다. 몇몇은 이혼으로 끝났다고
들었고요.

아무튼, 장거리 달리기를 하지 않는 첫날은 좀 힘이 듭니다. 평소 하던 대로 날이 밝기도 전에 일어나 나가지 않고 침대에서 더 오래 시간을 끌어야 하니까요.

그러다가 아내가 "오늘 요가 수업 있는데, 같이 갈래요?"라고 물어오면 정말 큰일이죠.

개미인간 주자 중에서도 특히나 달리기에 진지한 이들은 달리기 외엔 아는 게 없습니다. 요가 같은 것은 하지 않아요.

그들은 강요당하면 매트리스 밑으로
숨어들 겁니다.

하지만 저는요?

‘뭐? 요가 수업? 진심으로 하는 말이
야?’

솔직히 거기서 저를 들여 보내줄지도
의문이었습니다.

거기 있는 게 너무 부끄러웠습니다.
그나마 다행인 것은 제가 아는 개미
인간이 거기에 없을 거란 점이었죠.

대부분 요가 수업은 침팬지인간들과 몇몇 돌고래인간들로 구성되죠.

하지만 90분 후, 제 생각이 틀렸다는 것을 깨달았습니다.

그간 저는 요가에 관해 잘못 알고 있어도 한참 잘못 알고 있었습니다. 요가는 호흡 운동 이상의 운동이었습니다. 자신의 진정한 자아를 찾아가는 수단이었습니다.

요가는 당신의 힘, 균형, 유연성 및 마음의 평화를 향상합니다.

개미인간은 늘 자신과 싸우기 때문에
마음의 평화가 없었죠. 요가는 개미
인간이 돌고래인간으로 탈바꿈하는
데 확실히 도움이 되는 방법입니다.

개미굴을 떠나지 않더라도 요가는 잠
시 해보세요. 해야 할 중요한 일이 있
다고 말하고 요가를 해보는 겁니다.

요가는 개미인간 주자의 기분을 좋게
하고, 더 편안하게 해주며, 면역 체계
를 강화합니다.

허리 통증이 사라지기 시작해요.

안정시 심박수를 낮추고 지구력을 높이며 운동 중 최대 산소 섭취량을 높여줍니다.

개미인간 여러분, 요가는 급성 스트레스에 반응해 분비되는 물질인 코르티솔의 수치를 낮추고 혈당 수치도 낮춥니다. 요가를 하면 키도 커질 수 있어요.

또한, 달리기 후의 체력 회복 시간도 짧아지죠. 요가의 이점은 물리적인 면에만 있는 게 아닙니다.

요가는 바쁜 현대 생활에서 벗어나게
해줍니다.

우울한 개미인간에게는 이점 천지죠.

늘 내 몸은 내가 잘 안다고 생각했는
데, 요가를 하고 보니 자기 몸에 관해
얼마나 더 많은 것을 배울 수 있는지
알게 되어 놀랐습니다.

그러니 개미인간 여러분, 변화를 시
도해보세요. 어떤 요가가 당신에게
맞는지 찾아보세요.

마음의 평화를 얻으세요.

호흡을 개선하세요.

거부감을 잠시 접고 요가 첫 수업에
참여해보세요. 개미 초보자를 위한
요가도 있습니다.

영감을 얻으세요.
그리고 숨을 쉬기 시작하세요!

요가는 균형 감각, 균형 이완 및 웰빙
을 달성하는 데도 도움이 됩니다.

마일 16

짧은 달리기를 하고,
긴 성생활의 마일리지를
쌓으세요.

개 미 인 간 주 자 들 에 게 G P S는
Ground(땅), Pace(속도). Speed(스
피드)를 뜻합니다. 개미인간이 늘 신
경 쓰는 것들입니다.

페이스, 페이스, 페이스.
속도, 속도, 속도.

개미인간들은 통계를 좋아하고, 데이
터를 중시합니다.

통계와 싸우기 위해서 모든 데이터와
통계를 알고 싶어 하는 거죠.

반면에, 돌고래인간과 침팬지인
간에게 GPS는 Games(게임),
Pleasure(즐거움) 및 Lot of Sex(많
은 성생활)를 의미합니다.

그들은 사랑하는 이들과 즐거운 시간
을 보낼 수 있어서 게임을 좋아하죠.
그들에게 게임은 행복이 함께하는 활
동입니다.

돌고래인간, 침팬지인간들에게 즐거
움은 삶의 핵심 요소죠. 그들은 친구
들과 함께 시간을 보내고 외출을 합
니다.

성생활도 다르지 않습니다.

대부분의 동물들은 성관계가 번식을
위한 행위이지만, 돌고래는 인간과
마찬가지로 성관계 자체를 즐깁니다.

돌고래인간도 성생활을 즐기죠. 하지
만 개미인간 주자는 그러지 못합니
다.

늘 너무 피곤하거든요.

돌고래인간과 침팬지인간에게 성생
활은 좋은 운동입니다.

심박수를 안정적으로 낮춰줍니다. 사람들은 심박수를 장기간 안정적으로 낮추고 싶어 하지만, 신께서는 간격을 짧게 만드셨습니다.

돌고래인간들과 침팬지인간들은 다들 긴 거리를 달리기보다는 침실에서 좋은 시간을 보내는 걸 선호하죠.

개미인간 주자 여러분, 자신을 비난하지 마세요.

장거리 달리기를 하느라 지친 당신
은, 날이 밝기도 전에 깨어나는 데 익
숙하죠. 하지만 로맨스에 관해서는
마음을 느긋이 가지세요.

당신의 파트너는 당신의 달리기 페이
스에 익숙지 않아요. 그래서도 안 되
고요. 과정을 마치는 건 당신뿐입니
다.

마음 같아선 장기 실행 과제를 제어
하듯 연애도 제어하고 싶겠지만, 그
럴 필요가 없습니다.

개미인간 주자 여러분, 성관계에선
결승선에 도달하는 데 걸리는 시간을
따지지 마세요.

개미인간은 때때로 속도를 늦추는 것
이 좋습니다.

길은 차를 위한 곳이죠. 그러니 차를
이용하는 방법도 있어요. 차 안에서
파트너와 거친 관계를 맺을 수도 있
습니다.

돌고래의 말을 믿고 따르세요. 이 일
에 관해서는 그들이 제일 잘 알거든
요.

성관계는 즐거움을 위한 것입니다.
남들이 일어나는 시간보다 3시간 일
찍 깨어나고, 피로에 지쳐 있어서는
좋을 게 없죠.

성관계는 그 자체가 서로를 묶는 유
대입니다.

강한 유대감을 만들어보세요.
성관계를 통한 돌고래의 유대감이요.

개미인간 주자 여러분, 돌고래는 현
명합니다.

장거리보다는 짧은 단거리 달리기가
더 낫습니다. 과한 운동은 당신을 번
아웃시키죠.

돌고래는 더 나은 성관계를 위해 괜
한 에너지 소모는 피합니다. 성관계
도 운동입니다.

마일 17

세상은 평평하지 않습니다.
땅도 있고, 물도 있습니다.
세상 전체를 활용하세요.
개미도 물에 젖는 것을
좋아하게 될 겁니다.

개미인간이 달리기를 멈추기는 쉽지
않습니다.

땅만 달리던 개미가 물에서 하는 운동인 수영을 시작하기란 더더욱 쉽지 않겠지요.

하지만, 제 말을 믿으세요. 물놀이는 심신에 아주 좋습니다. 수영장, 호수, 바다도 좋아요. 무수한 종류의 수상 스포츠가 있습니다.

개미인간이었던 제가 마라톤을 그만두고 수상 스포츠를 즐기기 시작했습니다.

터프한 척할 것 없어요. 개미인간인 우리가 모르던 새로운 세상이 있습니다.

아름다운 물 위의 스포츠를 즐겨보세요. 몸은 좀 젖겠지만, 마법 같은 체험을 하게 됩니다.

현명한 돌고래인간들은 진작 그것을 알고 있었죠.

돌고래인간이 마침내 설득하는 데 성공해, 개미인간이 카약을 타게 되었다고 상상해보세요.

통제할 수 없는 파도를 타고, 통제할
수 없는 바람을 맞으며 드넓은 바다
로 나가 몇 킬로미터나 노를 저어야
합니다.

해변에서 카약을 타기 시작하면서 저
는 이것이야말로 진정으로 재미있는
스포츠라는 확신이 들었습니다.

카약을 빌려 물가로 끌고 갔죠. 처음
에는 당연히 두려웠습니다. 하지만
저는 돌고래 옷을 입었습니다. 변하
기 시작한 겁니다.

처음 작은 파도 몇 개를 이겨나가는
것은 예상보다 쉬웠습니다. 그러다
문득 정신이 들고 보니 제가 먼바다
로 나와 있더군요.

개미는 수상 스포츠와는 거리가 먼
줄 알았습니다. 개미는 물에 들어가
면 익사하니까요.

하지만 놀랍게도 저는 바람이 별로
신경 쓰이지 않았고, 주변 경치는 너
무도 아름다웠습니다.

카약은 모험이었습니다. 자연으로 들
어가는 관문이었습니다.

아침 햇살 속에서 금빛 모래사장으로
나와 카약을 이끌고 바다로 들어가
파도를 탑니다. 그리고 온전히 홀로
버텨야 합니다.

바다에서 2시간 동안 노를 젓는 행위
는 고된 일이었으나, 저는 차츰차츰
파도의 비밀을 이해하기 시작했습니
다.

파도를 사랑하게 되었습니다. 제 안
에 있는 돌고래를 느꼈습니다.

전에 없던 방식으로 자신을 즐기고
있었습니다.

돌고래로서 자유를 느끼기 시작한 저
는, 스탠드업 패들보드를 타기 시작
했습니다.

물과의 교류가 너무도 좋았습니다.

지구의 70%는 물입니다.
거대한 놀이터죠.

스탠드업 패들보드 서핑을 하면서 돌
고래인간이 되는 것은 많은 의미가
있습니다.

한번 해보세요. 아주 훌륭한 수상 스
포츠랍니다.

개미인간 주자 여러분, 현명한 돌고
래의 말을 믿고, 도전해보세요.

마일 18

달리는 동안 보이는 것은
지친 개미의 얼굴과
죽은 엉덩이뿐.

개미인간 주자 여러분,
거울을 들여다보십시오.

달리는 내내 당신이 보는 것은 뒤처
진 주자의 지친 얼굴과 당신 앞을 달
려가는 개미인간의 늘어진 엉덩이뿐
입니다.

수영장에 개미인간은 없었습니다. 돌
고래인간은 마치 명상을 하듯 물에서
하루를 시작합니다.

물소리를 듣는 것만으로도 진정이 되
죠. 하루를 여는 멋진 방법입니다.

처음 수영을 할 때도 저는 요가를 할
때처럼 좀 삐딱한 마음에서 시작했습
니다.

이 게으른 사람들은 여기서 대체 뭘
하는 거야?

저는 그들을 전혀 이해하지 못했죠.

수영장 한쪽에서 수영하는 돌고래인
간을 보았고, 물이 깊은 곳에서 수중
에어로빅을 하는 돌고래인간을 보았
습니다. 저더러 자기네와 함께하라고
했죠.

개미인간 여러분, 제 말을 믿으세요.
돌고래들은 자기네가 하는 일을 잘
압니다.

수영장의 깊은 물에서 수중 에어로빅을 하려니, 머리를 물 위로 유지하기 위해 전신을 아주 빠르게 움직여야 했습니다.

수중 에어로빅은 전신 운동이었습니다. 너무 힘이 들어서 놀랐습니다.

제가 고군분투하고 있다는 걸 알아본 사람이 있었습니다. 저를 보고는 "긍정적으로 생각하세요. 부정적인 생각을 하면 익사할 뿐입니다."라고 했습니다.

그분 말씀이 옳았습니다.

수영할 때는 자신에게 긍정적인 말을
하세요.

하기야, 수중 에어로빅은 너무 힘이
들어서 부정적인 무게를 감당할 수가
없죠.

수중 에어로빅은 모든 근육을 움직여
야 합니다.

대단히 재미있었습니다. 이제는 수영
장에 가면 때때로 수중 에어로빅을
할 겁니다.

수중 운동은 열량 소모가 큽니다. 물
은 그 안에 있는 것만으로도 노화 방
지 치료제입니다.

물의 저항력은 근육 강화 운동에도
이상적이죠. 몸이 무중력이 되면 새
로운 도전을 받게 됩니다. 관절에 미
치는 해는 적고, 심혈관계에는 큰 영
향을 주죠.

개미인간 여러분, 웃으면서 수영하러
가세요.

달리기 주자의 얼굴에 미소가 어려
있는 것을 보신 적이 있나요? 절대 없
죠.

개미인간 마라톤 대회에서도 웃고 있
는 사람을 본 적이 없습니다.

사실 얼굴을 제일 많이 보는 것도 아
닙니다. 당신 앞을 달리는 개미인간
의 엉덩이만 보게 되죠.

그 기나긴 시간 달리기를 하면서 정
작 개미인간 주자는 자신의 미소를
망치고 있다는 걸 아십니까?

장시간 달리면 더 많은 산소가 필요
해집니다. 활성 산소 손상이 일어나
피부가 노화하죠. 게다가 당신의 뺨
은 달리는 동안 위아래로 출렁여서
더욱더 아래로 처집니다.

그 결과, 당신은 거칠고, 속은 비고,
노화한 골격을 갖게 되는 겁니다.

개미인간 주자 여러분!
여러분은 지금 몸 전체에 불필요한
손상을 과하게 입히고 있습니다.

얼굴뿐 아닙니다. 마라톤은 심장에도 엄청난 스트레스를 줍니다.

장거리 달리기보다 심장 질환과 관련이 높죠. 그렇게 심장이 입은 피해는 시간이 갈수록 더 심해질 뿐, 나아지지 않습니다.

달리기 주자의 30~50%가 심장 마비, 심부전과 관련한 효소 수치가 증가합니다.

개미인간 여러분, 심장에 부담을 주지 마세요.

오래도록 건강하게 살려면 면역 체계
도 고려하셔야 합니다. 면역 체계는
우리에게 꼭 필요한 요소입니다.

달리지 말라는 말씀이 아닙니다. 다
만 짧게 단거리를 달리면서 즐기시라
는 거죠.

당신의 삶을 일만 하지 않는 모험으
로 만드세요.

다른 활동도 많이 하시고요.

마라톤 주자가 겪는 불쾌한 일에는
이른바 '죽은 엉덩이 증후군'도 있습
니다. 장거리를 달린 후에 고관절에
극심한 통증을 느끼는 거죠.

그러니, 장거리가 아니라 단거리를
달리기 위한 트레이닝을 하세요.

걷기, 자전거 타기, 수영, 하이킹, 카
약과 같은 운동은 마라톤과 달리, 심
장 박출량을 줄여주고, 폐활량을 키
워줍니다.

골밀도 감소, 마른 근육량 감소 및 에
스트로젠 감소도 방지하죠.

해마다 적어도 40~50%의 주자가 부
상을 당합니다.

나이가 들어감에 따라 건강을 지키는
마스터플랜을 만드셔야 합니다.

개미인간 여러분, 지금의 자신을 돌
아보세요.

그저 달리고 또 달릴 뿐이죠!

당신의 선택으로 인한 고통은 모조리
당신 몸이 받습니다.

내 몸은 내가 잘 지켜야죠.

제가 관찰해보니, 돌고래인간들은 어
떤 이는 운동을 하고, 어떤 이는 놀
고, 어떤 이는 그냥 둥둥 떠다니지만
공통으로 다들 웃고 있었습니다.

제가 앞서 말한 달리기 주자의 얼굴
이 고정 관념이든 현실이든, 개미인
간 주자 여러분, 문제가 있는 겁니다.

마일 19

마음을 전방위로
활짝 열어라!
나의 마지막 마라톤이 된
뉴욕 셀카 개미 마라톤.

저는 개미인간 주자를 달리게끔 하는
게 무엇인지 알아보고 싶었습니다.

개미인간이 추구하는 것이 무엇인지
궁금했어요.

저 자신을 가까이 들여다보기 위해
마지막 경주를 하기로 마음먹었습니
다.

달리는 동안에는 자신만의 세계에 완
전히 몰두하게 되니, 사실 장거리 달
리기는 반사회적 활동이라고 저는 생
각합니다.

개미 주자들이 자신과의 대화에 매진
할 때, 저는 다른 각도에서 자신을 보
고 싶었습니다.

셔츠 앞뒤로 '셀카 달리기'라는 문구를 인쇄하고, 긴 막대에 연결한 카메라를 달고 뉴욕시 마라톤 대회에 출전했습니다.

이번 경주는 예전처럼 심각하지 않고, 나 자신을 비춰보는 경주가 되는 겁니다.

달릴 준비를 하고 있자 사람들이 모두 저만 쳐다보더군요.

이번에는 저만 빼고 다들 긴장한 표정들이었습니다.

저는 침착했죠, 이번 경주에서 저는
삶에 있어 개미인간의 문제를 어떻게
풀어볼지, 그 해결책을 찾아보려고
나온 돌고래인간이었으니까요.

2009년 뉴욕에서 열린 제40회 뉴욕
마라톤 대회.

그리고 저는 그 대회에 자가 실험을
위해 달리는 돌고래 주자였습니다.

달리기 시작했습니다.

저는 무리하지 않고 천천히, 꾸준한
페이스로 달렸습니다.

다들 비장하게 임무 수행 중인데 유
유자적하려니 저 자신과 다른 모든
개미 주자들에게 미안해졌습니다.
저는 저들이 '오늘을 위해 그동안 열
심히 연습했는데 지금 절대 실수하면
안 돼'라는 생각을 하고 있다는 것을
잘 알기에 안타까웠습니다.

큰소리로 외치고 싶었습니다.

개미 주자 여러분!
지금 여러분은 실수하고 계시는 겁니
다!

카메라 막대를 달고 달리기란 쉽지 않았습니다만, 달리기가 진행됨에 따라 우리가 어떻게 생겼는지 확인할 수 있었습니다.

저 자신과 주변의 다른 개미 주자들이 보여서 좋았습니다.

1마일이 지났습니다.

개미인간 주자들은 저와 함께 사진에 찍힐 수 있도록 제 가까이에 얼굴을 가져오곤 했습니다.

몇 마일을 더 달리자 아무도 그러지 않았습니다. 달리는 데 집중하느라 너무 바빴고 이미 지쳤습니다.

저는 전 구간을 달리며 계속 웃고 있었습니다.

저 자신과 내 주위의 불행하고 고통받는 개미인간 주자들을 보며 웃었습니다. 그들의 모습은 모두 과거의 제 모습이었기 때문입니다.

저는 시야가 좁은 개미인간 주자들이 보지 못하는 것을 촬영할 수 있었습니다.

저만이 아니라 경찰관, 사진작가, 아이들 등 다른 사람들을 촬영하고 있었지만, 제가 촬영한 가장 중요한 것은 도로 밖에 있는 인간 돌고래와 인간 침팬지였습니다. 행복하고 환호하는 군중의 일부였죠.

이번 마라톤을 통해 저는 내면의 소리를 들을 수 있었습니다. 다른 주자들과 저는 다르다는 것을요. 저들과 달리 저는 바깥세상을 찾았음을 깨달았습니다.

이 개미 세계에서 탈출한 제가 자랑
스러웠습니다.

승리란 이런 것입니다.

저는 마지막이 될 마라톤을 달리면서
진실을 찾고 있었습니다.

전 코스를 달리며 저는 이 길고 긴 달
리기에 중독되는 것이 어떠한 실수인
지 자신에게 이야기했습니다.

돌고래인간이 되면 생각이 긍정적으로 바뀝니다. 당신의 내면의 목소리도 바뀌어 훨씬 더 성숙하고 행복해지죠.

달리는 사진을 보며 저는 제가 무리에 걸맞지 않고 눈에 띄는 게 뿌듯했습니다.

개미인간 주자 여러분, 장거리 달리기를 그만둘 의지를 가지세요.

그러면 건강과 행복이 찾아옵니다.

개미인간 주자 여러분, 현명한 돌고래의 말에 귀를 기울이세요.

하프 마라톤과 풀 마라톤은 몇 시간 만에 완료되지만 주자는 그날 하루를 위해 몇 달 동안 훈련해야 하죠.

생활 방식을 바꾸어 삶을 바꾸세요. 달리는 거리를 바꾸는 겁니다.

마일 20

자신과의 대화도 좋지만,
타인과의 대화도 즐겨야죠?
개미 주자 여러분,
달리기 얘기는 그만!

장거리 달리기를 그만둔 지 약 1년이
지났습니다.

달리기를 하지 않으니 더 많은 자유
를 누리게 되었습니다.

이제는 제가 더 많은 것에 연결된 걸
느낍니다.

제 몸도 그렇고요.

이제 저는 제 인생의 모든 것을 할 시
간 여유가 있습니다.

그리고 어느날, 달라진 자신을 확인
하게 되었습니다. 모든 것은 어느 회
의에서 시작되었습니다.

일반적인 비즈니스 점심 만남이었습니다. 비서가 일정을 잡아놓았고, 저는 참석해서 거래 성사를 마무리 짓기만 하면 되는 것이었습니다.

'오래 걸리지 않겠지. 기껏해야 한 시간 정도쯤 앉아 있으면 될 거야'라고 생각했습니다.

저는 10분 늦었습니다. 참석자들에게 사과하고, 교통 체증 핑계를 댔습니다. 그런 뒤 "다들 그간 어떻게들 지내셨어요? 제가 혹시 중요한 것을 놓친 게 있나요?"라며 미소 지었습니다.

속마음은 '몇 분간 잡담을 주고받은 뒤 나가자'였습니다.

갑자기 대화의 리듬이 바뀌고 있는 게 느껴졌습니다.

편안한 잡담에서 진지한 것으로요.

'어? 이게 아닌데'라는 생각이 들었습니다.

45세 여성 변호사인 동료는 지난 몇 달 동안 달리기를 하기 시작했고, 머잖아 하프 마라톤 경주에 참여하기 위한 훈련을 받고 있었습니다.

대화가 어디로 향할지 알고 있기에 가슴이 답답해졌습니다. 하지만, 올해 달리기를 시작한 변호사는 아주 흥분한 기색이었습니다.

회의는 저를 미치게 만들었습니다.

마치 전쟁터로 돌아온 것 같았습니다.

다들 달리기 이야기 외엔 달리 이야깃거리가 없었습니다. 제 변호사는 거래마저 잊어버렸습니다. 제가 아니라 자신을 대변하고 있었습니다.

원래 계획은 빠르게 거래를 성사시키
는 것이었는데 말이지요.

저는 포기했습니다.

제가 달리기 경력이 길었던 터라 모
두 저를 여왕개미쯤으로 여기는 눈빛
이었습니다.

저도 마라톤 경주에 참여했었으니까
요.

어디에서요?

세계 최대의 마라톤인 뉴욕 마라톤 대회에서.

개미인간 주자 여러분, 현명한 돌고래의 말을 들으세요. 장거리 달리기는 그만두는 겁니다.

하지만 장거리 달리기에 대해 전 세계에 대고 떠드는 것을 도저히 멈출 수가 없다?

그러면 그냥 닥치고 쭉 달리세요.

마일 21

호흡이 곧 당신입니다.
신선한 공기를 들이마셔요.

개미인간 주자 여러분, 현명한 돌고
래인간의 말을 듣고 뜨거운 거리에서
뛰는 일을 멈추세요.

그 긴 거리를 달리는 동안 여러분은 오염된 공기를 마시게 됩니다. 뜨거운 열과 오염된 공기는 폐 기능과 달리기 능력을 크게 저하합니다.

거리를 달리는 개미인간은 오존 일산화탄소와 이산화황을 흡입합니다. 근육으로 가는 혈액과 산소 흐름을 감소시키죠.

굳이 독성 공기 속에서 달려야 할 이유는 없습니다.

개미인간 주자 여러분, 당신은 오염
으로부터 도망칠 수 없습니다.

달리는 차의 엔진을 끌 사람은 운전
자인 당신뿐입니다.

이미 일부 마라톤 개미 선수들은 달
릴 때 마스크를 쓰고 있습니다. 달리
기 업계는 곧 스포츠 시계에 대기 오
염을 측정하는 디지털 도구를 추가할
지도 모릅니다.

사실 그래야 마땅하죠.

공기 오염에 관한 개미의 경각심이
점점 커지고, 청정 공기 마라톤 대회
를 운영하고자 하는 새로운 추세가
있으니까요.

최대한 깨끗한 공기 속에서 달리는
대회에 지원하시고, 오염된 도로에선
되도록 멀리 벗어서 달리세요.

아니, 이참에 아예 돌고래가 되고 싶
진 않나요?

마일 22

개미는 넘어지지 않는 한
멈추는 법이 없지요.
돌고래가 되는 게 낫습니다.
돌고래는 궤도를 수정하며
나아갑니다.

개미인간 주자가 되어보세요. 그런
뒤 긴 코스에서 벗어나면 절대 뒤돌
아보지 않는 겁니다.

집중하세요. 당신은 이제부터 돌고래 인간입니다. 장거리 달리기에서는 이제 멀어지는 겁니다.

마라톤을 달린 기억은 이제 좋은 추억으로 남기는 겁니다. 과거의 일이죠. 마라톤은 평생의 추억으로만 담아두세요.

다시는 자신을 시험하지 마세요.

인생의 전환점에 섰습니다. 이제 당신은 새로운 삶을 사는 겁니다.

행복한 돌고래인간이 된 지 얼마 되
지 않았을 때, 동료 변호사가 저에게
새로운 트레이너와 함께하는 달리기
레슨에 참여하는 것을 권유했었습니
다.

크나큰 실수일지도 모르겠지만, 저는
이미 마음을 정했습니다.

저는 이제는 수영 선수입니다.
진정한 돌고래인간이죠.

수시로 카약과 스탠드업 패들보드 서
핑을 즐깁니다.

마라톤을 접은 지 좀 되었는데도 트
레이너는 여전히 저를 개미의 세계로
끌어가려 하죠.

하지만 저는 마라톤이 더는 재미있지
않습니다.

트레이너의 거듭된 권유를 어떻게 거
절할지 고심하다가 좋은 생각이 떠올
랐습니다. 멍청한 개미의 방식으로
접근하기로 했죠.

트레이너에게 말했습니다.

"저는 딱 한 번만 훈련에 참여해보겠습니다. 저 친구에게 집중해주세요. 저 친구는 더 나아지고 싶어 합니다. 더 강하고, 더 빨리 달릴 수 있도록요."

제 동료 변호사는 성실한 개미였습니다. 강사에게 2시간 30분 안에 하프 마라톤을 완주할 수 있으면 한다고 했죠. 속도를 더 낼 수 있기를 바랐습니다.

저는요?

저는 혼란스러웠습니다. 무슨 말을
해야 할지도 몰랐죠.

개미는 결코 혼동하는 법이 없습니다
만, 저는 그랬습니다. 이제 저는 개미
가 아니라 돌고래였으니까요.

트레이너에게 그냥 말하세요. 나는
이제 개미가 아니라고요.

훈련이 끝나자 트레이너는 작은 공책
을 펼치며 다음 수업을 예약하도록
권했습니다. 물론 저는 다시는 가지
않았습니다.

저는 돌고래인간 생활이 좋습니다.

지금도 그 변호사는 여전히 개미인간
주자입니다. 삶의 의미를 찾기 위해
노력하기보다는 경기장의 둥근 트랙
안을 달리고 있죠.

저는 이제 자유입니다.
개미의 시간은 끝이 났습니다.

저는 행복하고 생생한 세계로 돌아
와, 돌고래인간으로서 더 만족스러운
삶을 살고자 합니다.

마일 23

동물 비즈니스 세계 안에서
개미인간과 돌고래인간은
서로 다르게 행동합니다.

운동하는 방식만으로도 해당 인물에
관해 놀랍도록 많은 것을 알 수 있습
니다.

개미인간 마라톤 주자인 남성과 여성
사업가들은 목표를 향해 가혹한 길을
택합니다.

개미인간은 목표만 바라볼 뿐, 그것
의 의미는 끝까지 새길 줄 모릅니다.

벽에 부딪힌다 해도 사업가 개미는
메달만 원하죠.

하지만 때로는 일이 계획대로 풀리지
않습니다.

일 년 내내 연습을 했더라도 정작 당일에 날씨가 도와주지 않을 때도 있죠.

그래도 개미들은 실패를 받아들이지 못하고, 우승 티켓을 원합니다. 하지만 통계가 보여주죠. 모두가 성공하지는 못한다는 것을.

반면에 돌고래는 언제나 성공합니다.

목표를 달성하는 과정에 큰 의의를 두거든요. 그러니 성공에 이르기 위한 길도 금세 바로잡습니다.

개미인간 주자는 다쳐도 달리고, 심
장이 터질 것 같아도 달립니다.

돌고래인간은 자기한테 좋을 성싶으
면 요가 수업, 수영, 수중 에어로빅,
스탠드업 패들보드 서핑, 카약 타기
등 그때그때 자기 마음이 가는 대로
시간을 쓰죠.

왜요?

그들의 목표는 한결같기 때문이죠.

행복한 인생.

개미인간은 스트레스받는 것을 즐깁니다. 반면, 돌고래인간은 스트레스는 딱 질색이죠.

이들은 내일도, 그다음 날도 행복한 나날이 되기를 바랍니다. 개미인간은 행복을 이해하지 못합니다.

개미인간은 온갖 종류의 시계를 착용하죠. 반면, 돌고래는 따로 시계 같은 것은 착용하지 않습니다. 자기 안에 시계가 있거든요. 해가 뜨고 해가 지는 것이 그들이 필요로 하는 유일한 시계입니다.

개미인간은 늘 속도와 고도 등을 잽
니다. 높은 파도조차 즐기는 돌고래
인간은 혹독한 날씨와 맞서 싸우지
않습니다. 절대 벽에 부딪히는 일이
없습니다.

하지만 개미인간은 늘 벽에 부딪히
죠.

개미인간 주자는 어떤 날씨에서나 달
립니다.

이들은 면역 체계를 신경 쓰지 않습
니다.

오직 원하는 것은 메달이죠.

몸은 때때로 휴식이 필요하지만, 개미인간은 멈추지 않습니다.

하지만 인간 돌고래는 상황에 적응하는 법을 알고 있습니다.

이것이 비즈니스에 있어서는 가장 큰 장점이죠.

비즈니스 세계와 관련해 개미인간은 당초 사업 계획을 고수하며 그에 매달립니다.

돌고래인간은 때때로 계획을 변경하고 절대 뒤돌아보지 않습니다. 그리고 주위에서 많은 지원을 받습니다.

스포츠와 마찬가지로 비즈니스에서도 혼자 일을 하는 것보다는 강점을 가진 숙련된 팀이 낫습니다.

국가도 사람과 마찬가지입니다.

일부 국가는 세계 경제 위기를 잘 처리했고 일부는 무너졌습니다.

개미 국가는 경제에 적용해야 하는 변화에 대처할 수 없습니다.

돌고래 국가는 위기 극복이 더 용이
합니다.

세상은 정글입니다. 경제 세계도 마
찬가지입니다.

인간 돌고래는 빨리 배울 수 있습니
다.

이는 아마도 돌고래의 식단에 포함된
오메가3와 시간을 내어 일부러 하는
두뇌 훈련 덕인지도 모릅니다. 운동
만큼이나 중요하죠.

20분간의 적당한 두뇌 운동은 기억력, 창의성, 의사 결정과 같은 인지기능을 향상합니다.

이때 사용하는 가장 중요한 근육은 뇌입니다.

개미인간 주자 여러분, 현명한 돌고래인간의 말을 들어보세요. 경제 세계에서도 단거리와 장거리의 차이를 이해하는 것이 중요합니다.

마일 24

달리는 거리는 짧게 하고,
먼저 시작하세요.
단거리를 달리세요.

개미인간 마라톤 선수 여러분,
돌고래인간과 침팬지인간인 저희는
먹을거리를 남겨주신 여러분이 고맙
습니다.

단거리 달리기는 개미인간 주자의 눈
에는 전혀 매력적이지 않고 시간 낭
비처럼 보일 수 있습니다.

그러나 우리는 단거리 달리기를 좋아
합니다. 달리는 내내 웃으면서 달릴
수 있죠.

단거리 달리기로도 메달을 딸 수 있
고, 신체에 미치는 영향도 적습니다.
상쾌한 달리기를 즐기세요.

개미인간 주자 여러분, 마음의 여유
를 갖고, 단거리를 달리세요.

달리기의 세계는 까닭 없이 장거리
달리기를 강요하고 있습니다.

한때 개미인간 주자였던 제 말을 믿
고 단거리 달리기를 해보세요. 가족
들과도 함께할 수 있습니다.

당신의 삶을 정신적으로, 사회적으로
더 행복하게 하는 길이 열릴 겁니다.

개미인간 주자는 경주를 하면서 걷지
않죠. 그러나 돌고래인간과 침팬지인
간은 이따금 걷기도 합니다.

단거리 달리기는 당신의 몸매, 행복도, 그리고 가장 중요하게 사회적으로 충만감을 느끼게 합니다.

함께 어울리고 정신적으로도 행복한 단거리 달리기. 가족과 함께, 친구와 함께 달리세요. 단거리 달리기는 장수하는 길이기도 합니다.

개미인간 주자 여러분, 현명한 인간 돌고래의 말을 귀담아들으세요. 단거리 달리기에는 무수한 건강상의 이점이 있습니다.

마일 25

장거리 달리기의 끝은
막다른 길입니다.
자신에게서 도망치지 마세요.

마라톤은 세계적으로 성장하는 추세
라, 건강 유지와 피트니스의 상징으
로 여기기도 합니다.

인간 개미 마라톤 주자 여러분, 최초
로 마라톤을 달린 남자는 도착 직후
쓰러져 바로 사망했습니다. 여러분은
모두 그의 발자취를 따라가고 있는
것이죠.

막다른 골목을 향해 달리고 있어요.
어떻게 해야 할까요?

멈출 수 있을 때 멈추세요.
자살 행위를 멈추세요.

짧고 재미있는
단거리 달리기를 찾으세요.

행복한 침팬지인간과 돌고래인간이
길을 찾는 데 도움을 줄 겁니다.

개미인간 주자 여러분, 현명한 돌고
래인간의 말을 귀담아들으세요.

부디 달리기 주자의 사례 연구에 등
장하는 한 예가 되진 마십시오.

마일 26.2

개미인간 주자 여러분,
현명한 돌고래인간의 말을
귀담아들으세요.
돌고래가 되세요.
다른 동물들은 이미 모두
포섭되었습니다.

돌핀 샘 브랜드는
〈돌고래는 마라톤을 하지 않아〉를 쓴
저자의 필명입니다.

돌핀 샘 브랜드는 세상 사람 모두가
최상의 삶을 살기를 기원합니다.

이야기를 나누고 싶은 분은
아래 주소로 연락해주세요.
dolphinsambrand@gmail.com

돌고래는 마라톤을 하지 않아
DOLPHINS DON'T RUN MARATHONS

2021년 10월 28일 초판 발행

글쓴이 샘 브랜드
펴낸이 안성학
펴낸곳 파피펍 유한회사
서울시 강남구 테헤란로 134 17층
info@poppypub.co.kr

ISBN 979-11-91240-22-1

값 12,900원